AF198913

Ausgereift-
Bereit zur weiteren
Verwandlung

Inhaltsverzeichnis

Bibliografische Information der Deutschen Nationalbibliothek:
Die Deutsche Nationalbibliothek verzeichnet diese Publikation
in der Deutschen Nationalbibliografie; detaillierte
bibliografische Daten sind im Internet über dnb.dnb.de
abrufbar.

© 2020 Heidrun Spieth
Herstellung und Verlag: BoD – Books on Demand, Norderstedt
ISBN: 978-3-7504-9249-3

1. In den Jahreszeiten Daheim

Das Haus meiner Kindheit

Das Haus meiner Kindheit riecht nach Stroh, nach Heu

Und nach vergangenem Kinderlachen

Hüpfend von Strohballen

Meterweit ins bergende Heu

Es richt nach frisch gebackenen

Hefestreuselkuchen,

nach roh geriebenen,

geschwefelten Kartoffelklößen

mit geröstetem Brot in der Mitte,

aufgeweicht in dicker Bratensauce,

an gutem, langsam geschmortem Apfelrotkraut

Das Haus meiner Kindheit riecht nach

Frisch gekeltertem Wein aus der Trotte

Es riecht im Naturkeller feucht und modrig

Und bewahrt die herrlich eingemachten Obst-

Weckgläser für den Winter auf

Es duftet nach Blumen

Und riecht nach reifem Obst

Von Garten und Feld

Das Haus meiner Kindheit

Erzählt vom Schlachten

Und vom Festessen

Es erzählt von Spitz dem Hund,

von den Hühnern, Katzen und Pferden

Es erzählt vom Baden im Hof

Vom Geschichtenerzählen,

Lachen und Herzen

Von strahlenden Sommern

Und großen goldenen Heuwagen

Das Haus meiner Kindheit

Erzählt von langen,

weißen Wintern

mit selbstgebastelten roten Sternen

und dem Besuch des Christkinds

dem Weihnachtsfest und der ersten Puppe

Das Haus meiner Kindheit beherbergt geheimnisvolle

Türen, Räume, Schatullen, Koffer,

Schachteln und Schubladen auf dem Dachboden

Immer wieder neue Entdeckungen

Grenzenloses Spiel und Verzauberung

Herbst

Es stürmt

Blätter fallen

Übrig bleiben kahle Skelette

Das Essentielle

Bleibt auch in mir übrig

Äußerlichkeiten, Masken fallen ab

Treiben im Wind ins Endlose ins Vergängliche

Übrig bleibt

Das ESSENTIELLE

Herbstwunder

Ich lebe

Ich arbeite

Und unbemerkt

Wachsen die Kastanien-

Herbstwunder

Der Wind

Der Wind streichelt mich

In einer noch nie so

zärtlich wahrgenommenen Weise

Herbstgeselle

Herbst Du großartiger Geselle

Du Zauberer des Jahreskreises!

Lässt Winde um uns wehen und schönste Drachen in den
Himmel steigen

Dahlien, Astern, Sonnenblumen und Hagebutten.

Ein Feuerwerk aus Farben und Formen.

Kürbisse leuchten in der Nacht und freuen sich mit uns-

Das wäre doch gelacht!

Schönstes Gemüse aus dem Garten

Ich will innehalten zum Dank

Den Geschöpfen und der Schöpferin aller Sachen.

Nebel

Umhüllt von Nebel

Und fokussiert

Auf das Naheliegende

Augenerholung

Blättertanz

Die Blätter

Fallen

Als Solotänzerin

Oder Gemeinschaftsreigen-

Ein Blättertanz

Adventstürchen

Du bist wie eine einladende Tür

In die ich schon ein bisschen

Hineinblinzeln durfte

Und was ich da erblicke

Lässt mich noch mehr gespannt sein

Voller Vorfreude auf die nächsten

Zauberhaften Adventstürchen

Wunderruhige Winterzeit

Der Acker liegt brach und ruht sich aus

Scholle für Scholle streckt sich dem Himmel entgegen

Beherbergt ein paar Schneeflocken-hell und dunkel

Und dennoch kein Kontrast-

Nur Einheit

Meine Seele atmet die Ruhe des Ackers ein

Und freut sich über die wunderruhige Winterzeit

Schneelandschaft

Schnee, ich atme dich ein

Stille, Leere, Ruhe

Schneelandschaft und ich wir

Sind eins

Weites Weiß-

alle Gedanken

Schluckend bis nur noch Ruhe

Und erholsame Leere im Kopf ist

Tief aufatmen

die Ruhe und die Leere des Schnees

Den ganzen Körper

durchströmen lassen

Stille

Die Stille ist wie Schneeflocken

Die auf meine Seele schneien

Und zur wärmenden, behütenden Decke

Werden

Ich ziehe einen weißen Umhang

Der Stille um

Sonne auf Schnee

Silbertropfen fallen von der Regenrinne

Ein Silberregen

Freude

Hab Freude an der Freude

Der Rest ist Schnee von

Gestern

Der Frühling knallt

Der Frühling knallt in tausend Farben

Von Veilchenblau bis Orange und

Klatschend Rot

Es sprießt, es knallt und

Schießt und

Jeder ist versüßt

Die Osterglocken leuchten

Und zu Ostern läuten

Die Glocken

Narzissen

Tulpen, Rosen

Und Narzissen

Ich find' Euch

Alle zum Küssen

Frühling

Frühling

Wie liebe ich Dich

Blick in ein

Magnolienmeer

Blütenweiße und rosarote Träume

Hinter strahlend

Blauem Himmel

Mohnblume

Nicht duftend

Aber anziehend

Ungeheuer verletzlich

Aber da

Nicht betörend

Aber berauschend

Zuhause beim Ich und beim Du

Ankommen

Ich war so lange auf der Suche, innerlich und äußerlich.

Und jetzt hat es mich gefunden.

Als ich wie eine leere Schale war.

Bereit zu empfangen und die große Suche zu beenden.

Ich schwinge vertrauensvoll mit dem mit, was ist,

auch wenn der Sinn nicht gleich erkennbar ist.

Alles ist da. Alles ist jetzt möglich.

Es gibt nichts zu erreichen. Alles ist da; hier und jetzt.

Es ist gut wie es ist, auch dann, wenn es scheinbar nicht gut
erscheint.

Worte

Ich jongliere um die Höhen und Tiefen der Worte

Und ringe doch immer nur um meine Mitte

Die Poesie

Die Poesie-

Es ging auch ohne sie

Wo früher Einsamkeit-

Ist jetzt sie-

Die Poesie

Inspiration

Ich fange dich auf,

aus der Luft, aus dem Himmel

mit einem leeren Geist

und bewege Dich in die Erde hinein

Alleine

Es ist schön

Schmerzlich

Alleine zu sein

Mit sich und der Einsamkeit

Zeit haben

Raum lassen

Die Einsamkeit

Aus ihrem Käfig befreien

Und ihr blaue Flügel verleihen

Alleine II

Bin ich wirklich alleine?

So viel zu genießen

So viel zu erleben

So viel zu erfreuen

Zärtlichkeit

In Nuancen erleben

Meeresboden

Alleine

Tief unten

Ganz unten am Meeresboden

Abgespalten

Nur noch alleine sein

Erschauern

Spüren

Totenstille

Und dann

Die heilende Verwandlung

An sich

Mit sich

Ins All-Einsein

Und Meersein erleben

Meer

In einem Meer von Träumen

Schwimmen lernen

Nicht mehr darin ertrinken

Meine Kraft spüren

Und das Ufer erreichen

Mein Leben

Ich modelliere mein Leben-

Und manchmal

Modelliert es mich

Wahl

Wähle das Leben-

Und es wählt dich

Daheim

Ich bin ein Daheim geworden

Beherbergt in mir

Und zum Daheim

Für andere

Heimweh

Es ist

Schön schmerzlich

Heimweh zu haben.

Das Gefühl zu kennen,

das einem vor Vorfreude

erschauern und

erkranken lässt.

Heimat

Heimat ist

Heimkommen

Ohne Anmeldung

Und Willkommen sein

Strand

Mein Körper wird umspült

Vom quicklebendigen Meer-

Wellen hauchen mir wieder Leben ein

Und der endlose Horizont

Verheißt Freiheit

Risiko

Ich mache einen Schritt nach vorn

In den gefürchteten Abgrund

Eine blaue Wolke

Fängt mich auf

Trägt mich davon

Und regnet mich

Wieder auf die Erde

Vereinsamung

Ver-

Ein-

Samung!

In der Abgeschiedenheit

Sich einsamen

Und dann erblühen

Stille

Stille um mich

Stille in mir

Stille schreit lautlos

In meinen Ohren

Von innen und außen

Stillebelastung

Stille

Ver-

Rückt

Augen

In deine Augen fallen

Darin ertrinken

Wieder hochkommen

Nach Luft schnappen

Und dann wieder

Ganz tief

In Dich

Eintauchen

Sterne

Sterne treffen aufeinander

Bestaunen sich gegenseitig

Leuchten dem anderen entgegen

Zwei Sterne

Jeweils aus der Umlaufbahn

Hinausgeworfen

Treffen sich

Funkeln um die Wette

Verabschieden

Sich wieder

Nur um

Sich dann

Wieder zu treffen

Reise in deine Augen

In deine Augen schauen

Und in eine andere Welt reisen

In eine Phantasiewelt

Die doch so real erscheint

Und Manchmal Angst haben

Den Weg nicht mehr zurückzufinden

Bleibe eine Reisende in deinen Augen

Immer Neues entdecken und bestaunen

In einer fremden Sprache lesen

Augenblick

Augen treffen sich

Alles um uns verschwindet

Mein Herz fällt in die Knie

Puddingweich die Waden

Ein Blitzstrahl

Durch meinen Körper

Energie des Augenblicks

Abschied

Götter der Liebe

Und des Abschieds

Helft mir ihn

Loszulassen

Ihn dankbar

Als Geschenk zu empfangen

Und in Liebe

Ziehen lassen

Geschenkpapier

Spätestens als er

Ihr Geschenkpapier rahmte

Das mit den schönen Rosen

Und den getrockneten Farnblättern

War es um sie geschehen

Du bist in meiner Aura

Du bist fortgegangen

Und doch bist du da

Du bist in meiner Aura

Wo ich geh

Wo ich steh

Ich spüre dich

Ein Kokon von Du

Umspannt mein Ich

Zellensehnsucht

Meine Zellen

Spüren eine körperliche

Sehnsucht nach dir

Die Zellensehnsucht lässt

Automatisch meine Hand

Nach der Deinen greifen

Und jetzt erst

Merkt der Verstand

Du bist körperlich nicht da

Sonne

Sonne, Mond und Sterne

An Dich

Denk ich gerne

Du Schöner

Du bist

Wie eine schöne

Geschlossene Blume

Weiß die Blume nicht

Dass schon Frühling ist?

Ich wünsche der Blume

Wärme und Nahrung

Für die Seele

Den Instinkt

Das Vertrauen

Sich gedankenverloren folgend

Nach und nach

Blütenblatt für Blütenblatt zu öffnen

Abheben

Auf einer Wolke

Unserer Energie schweben

Fasziniert

Sonne, Mond und Sterne

Beobachten

Auf dem Boden landen

Die Augen öffnen

Und in Deine Augen blicken

Dich

Ich liebe Dich

Weil Du die Weisheit

Eines Baumes ausstrahlst

Ich liebe Dich

Weil ich mit Dir lerne

Wie Geduld sein kann

Dich II

Dich wieder zu sehen

Deine wunderbare

Stimme hören

In Deine

Strahlenden Augen

Blicken

Dich wie Du bist

Spüren

Anwesenheit

Teilen

Vermächtnis

Sie hat uns einen wundervollen

Duft hinterlassen,

der unverwechselbar sie selbst ist

es ist die Essenz reiner Liebe

und verbindet uns als Familie und

Freunde in Gottes Segen und Gemeinschaft

im Andenken an sie

Anderswelt

Eine Stimme aus der Anderswelt

Sagt mir-

Es geht gut weiter

Die Form ist unwichtig

Tränenlos

Ich weine

Und ich sehe keine Tränen

Ich weine

Und ich fühle nicht

Das heiße Nass auf der Haut

Ich weine

Und ich schmecke nicht

Das Salz auf der Zunge

Die Quelle der Tränen ist versiegt

Ich weine innerlich

Keine Luft

Die Dinge

erschlagen mich

Wo ist Freiraum?

Luft?

Ruhe?

Klarheit?

Raum?

Offene Weite?

Leere?

Zentriertheit

Krankheit

Ewig sind die Tage

Bei Krankheit

Maschine Mensch

Die Maschine Mensch ist kaputt

Und findet sich oh welch ein Grauen

In irgendeines Arztes Klauen!

So schwere Tage

Es gibt so schwere Tage

Drin alles düster ist

Es gibt so schwere Tage

Drin alles unbenommen

Schwer und schwerer wird

Es gibt so schwere Tage

Drin alles angenommen

Zum bess'ren wird

Selbstliebe

Ein unerwarteter glitzernder Roséregen

Durchströmt das Herz

Die Leichtigkeit

Die Leichtigkeit

Wie vermiss ich dich-

Und wenn ich dich hab

Vergiss ich dich!

Hoffnung

Immer wieder

Zuversicht haben

Immer wieder anstrengende

Zwiebelhäutungen durchstehen

Reifungsprozesse durchleben

Und vertrauensvoll weiter

Nach dem Gold graben

Die Spirale

Das Hamsterrad

Dreht sich immer

Schneller und schneller

Immer mehr

Innere und äußere Antreiber

Klarer Gedanke-

Konsequentes Handeln

Das Steuer rumreißen

Und eine andere

Richtung nehmen

Hand

Ich lege meine ruhelose Seele

In deine Hand

Auf dass sie mich wieder erquicke

Mit neuer Lebenskraft

Und mir einen neuen Weg aufzeige

Wut

Wut tobt

Wut brüllt

Wut schreit

Wut reißt auf

Zorn stellt in Frage

Zorn setzt sich durch

Zorn verändert

Über-reizt

Unter Spannung,

in Aktion, im Tun,

im Machen, im Erledigen-

keine Zeit mehr

für Zeit!

Aufgedreht

Überdreht

Und dann Zeit für

Ent-spannung

Ent-drehung

Mühevolle Phasen bis zur

Mitte

Schlafende Computer

Computer reagiert

Nicht mehr

Nichts geht mehr

Ist der Computer genauso

Müde wie ich?

Ich gehe ins Bett

Und schlafe darüber

Ausgeschlafen-

Mein Computer und ich

Funktionieren wieder!

Müde Menschen!

Müde Computer!

Muße

Die Zeit verrinnt

Wie Sand zwischen den Fingern

Raum haben

Die Gedanken frei laufen lassen

Vulkanausbruch

Vulkanausbruch-

Eruption, Kraft

Glühende

Lava Hitze-

Leuchtet in der Nacht!

Veränderung, Verwandlung-

Dunkel, grau, schwarz

Auf fruchtbarem Vulkanboden

wachsen leuchtend

Pinke Blumen

Wunder-volle Märchen

Wunder und Märchen-

An was glaubst du?

Maßgeschneiderte Träume

Unsere Träume

Sind die Stoffballen

Aus denen Gott

Für uns maßgeschneiderte

Kleidung macht

Sternenhimmel

Alleine

Nachts draußen stehend

Ummantelt und geborgen

Vom Sternenhimmel

Durchhalten

Es gibt

Phasen im Leben

In denen es nur noch

Ums Durchhalten

Und Überleben geht!

Mühevoll, Schritt für Schritt

Manchmal hoffnungslos

Im schwarzen Tunnel weitergehen

Kein Ende in Sicht

Gibt es ein Ende?

Unerwartet ein Licht

Am Ende des Tunnels

Straßenbahn

Mütter starren auf Handys

Kinder schauen ins Leere!

Andere schauen auf Handys

Begegnung unmöglich-

Kennenlernen wisch und weg

Freudloses Unterwegssein

Scheußliche Sachen

Es gibt so scheußliche Sachen

Da kann man nicht lachen

Es gibt so scheußliche Sachen

Da kann man nichts machen

Wo beginnen

Wenn nicht von innen?

Machen

Tausend Pläne

Tausend Pferde-

Machen wollen!

Es lässt sich nicht machen-

Auch nicht übers Knie

Brechen

Es lässt sich nur

In Hingabe empfangen

Und ereignen

Nach Gottes einzigartigem

Plan.

Vertrauen haben

Und die Edelsteine dankbar im

Jetzt erkennen und leben

Zeitdurst

Uns dürstet es nach Zeit

Wie Verdurstende

Nach Wasser

ZEIT ZEIT ZEIT

Zeit

In der sich die Dinge

Entwickeln und

Entfalten dürfen

Und sich wieder

Zu einem

Größeren Ganzen fügen

Hingabe

In der Hingabe

Das Leben

Zum großen Ganzen

Formen lassen

Geh aus meinem Kopf

Geh aus meinem Kopf

Wenn du schon nicht

In meinem Herzen

Sein willst

Without you

Mein Bett

Ist plötzlich

Zu groß für mich

Ich leide körperlich

Mein Körper

Verloren in all den Kissen und Decken

Wälzt sich von einer

Leeren Seite zur anderen

Und dann

Für den Rest der Nacht

Trost auf der Couch finden

-dort ist nur Platz für mich

Ausgeglichen

Genauso wenig

Wie du mir

Die Sterne

Vom Himmel

Holen kannst-

Kann ich

Deine Wäsche waschen

Hemden bügeln

Und Socken stopfen

Anfang

Wieder ein Anfang

Aber dafür

Eine Runde weiter

Eine Runde klüger

Ästhetik

Ästhetik des Daseins

Trost und Schmerz zugleich

Liebe und Verzweiflung in einem

Und dann

Schönheit die zur Fratze mutiert

Eine schöne Blume

In voller Pracht

Die verblüht

Und verrottet

Wo führt es hin?

Wo kommt es her?

Ästhetik unseres Daseins als

Inszenierung des Augenblicks

(Dieses Gedicht wurde verlegt im R.G.Fischer Verlag)

Begegnung

Manchmal kommt es

Im Leben zu einer Begegnung

Die ein ganzes Leben

Zum Verdauen braucht

Jahrzehnte

Jahrzehnte später

Nach einer tiefen

Kosmischen

Vereinigung

Die Früchte ernten

Und erstaunt danken

Vorbeigerannt

Jahrelang aneinander vorbeigerannt

Ohne den anderen wahrzunehmen

Ihn nicht in seiner Seele erkannt

Phänomen der Vorüberströmenden-

Wellen ohne Namen

Magie des Lebens

Es tauchen Menschen auf

Aus dem Nichts

Engel

Die uns verzaubern

Kurz und gut

Daheim- Beherbergt in mir!

Muße- Zeit zerrinnt wie Sand zwischen den Fingern!

Oh Teddybär- Erzähl mir eine schöne Mär!

Sonne auf Eis- Ein Silberregen!

Tränenlos- Innerlich weinen!

Die Blätter fallen- Ein Blättertanz!

Rosa Träume- Blick in ein Magnolienmeer!

Stille- Quelle der Weisheit, die nie versiegt!

Einfach leben- Ist nicht einfach!

Disziplin, Struktur, Rhythmus- Die Basis für Kreativität!

Welle- In einem Meer von Träumen schwimmen lernen!

Himmel- Ummantelt und geborgen vom Sternenhimmel!

Rosen, Tulpen und Narzissen- Finde ich zum Küssen!

Vom Winde- Zärtlich gestreichelt!

Ausgereift- Bereit zur weiteren Verwandlung!

Die Seele- Atmet die wunderruhige Winterzeit ein!

Daheim sein oder verreisen- Die Seele baumeln lassen!

Ver-ein-samen- Und erblühen!

Spannung und Ent-spannung- Blumen erblühen!

Erziehung, Verziehung, Hinzuziehung- Beziehung!

Vulkanausbruch- Leuchtende Blumen blühen!

Kinder- Sind gelebte Poesie!

Eine blaue Wolke- Regnet mich wieder auf die Erde!

Einsamkeit- Fliegt mit blauen Flügeln aus dem Käfig!

Augen treffen sich- Energie des Augenblicks!

Ästhetik der Daseins- Als Inszenierung des Augenblicks!

Gemeinsam lachen- Nicht alleinsam!

Schneeflocken- Ein weißer Umhang der Stille!

Zellensehnsucht- Die Hand greift unbewusst nach der Deinen!

Meer- Vorüberströmende Wellen ohne Namen!

Grauer Nebel- Das Naheliegende ist sichtbar!

Meer- Und der Horizont verheißt Freiheit!

Rat-Gabe!- Anstatt Rat-Schläge und Tot-Schläge!

Libellenflügel schwirren- Engel musizieren!

Osterglocken- Und es läuten zu Ostern die Kirchenglocken!

Blumen leuchten mir entgegen- Ein Blumenweg!

Tanz der Regentropfen- In Regenbogenfarben!

Schwarzes Loch- Schluckt die Trauer und spuckt sie wieder aus!

Freiburger Münsterplatz- Mein Münsterschatz!

„Coolsein"- Keine Regung in der Erregung!

Stille in mir- Lärm draußen!

Lärm in mir- Stille draußen!

Blätter im Wind- Das Leben leidenschaftlich tanzen!

Natur, Schönheit und Zerstörung- Kennt keine Grenzen!

Frieden- Die Natur kennt keine Grenzen!